VENTE
du Mercredi 17 Avril 1907

HOTEL DROUOT -- SALLE N° 7
A DEUX HEURES 1/2

EXPOSITION PUBLIQUE
Le Mardi 16 Avril 1907
de 2 heures à 6 heures

Tableaux Modernes

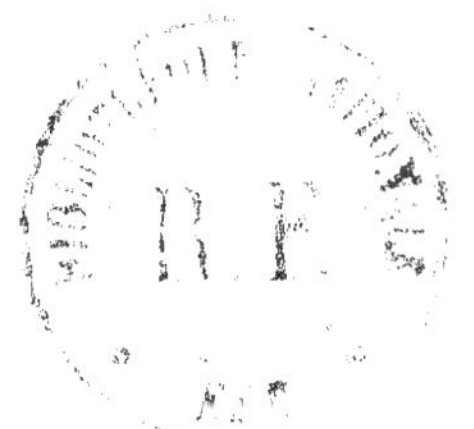

AQUARELLES - PASTELS - DESSINS

TABLEAUX ANCIENS

Mᵉ A. COUTURIER
Successeur de Mᵉ TUAL
COMMISSAIRE PRISEUR

M. F. MARBOUTIN
EXPERT

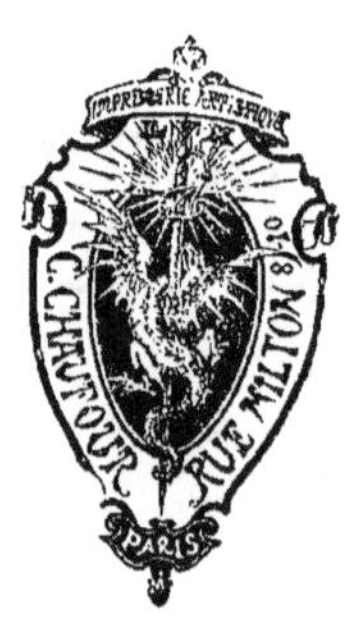

IMPRIMERIE ARTISTIQUE
C. CHAUFOUR
RUE MILTON 8bis
PARIS

CATALOGUE

DES

Tableaux Modernes

par

Aug. Anastasi, G. Anglade, Bergeret
Boggs, F. Bonvin, Boutigny, Carl-Rosa, A. Cesbron
Chalon, H. C. Delpy, A. Demont, Duluard
E. Fichel, Eug. Fromentin, Gagliardini, Hervier
Kœmmerer, G. Laugée, Lerolle, J. Le Roy
Lopiegich, Monticelli, Olive, Pelouse, C. Quinton
F. Reynaud, Léon Richet, Saintin
Segé, A. Stevens, Ten-Cate, O. de Thoren, Timmermans
Trouillebert, A. Truchet
Ad. Schultz, E. Vernier, Vincelet, J. Wilhems

AQUARELLES - DESSINS - PASTELS

par

Bouguereau, Ulysse-Butin, Diaz, H. Dupray, Faustin
Léandre, Madeleine Lemaire, Manuel Robbe
J. Pils, Th. Ribot, Th. Rousseau, A. Vollon, Willette

TABLEAUX ANCIENS

DONT LA VENTE AURA LIEU

HOTEL DROUOT — SALLE N° 7

Le Mercredi 17 Avril 1907, à 2 heures 1/2

<table>
<tr><td>Me André COUTURIER
COMMISSAIRE-PRISEUR
Successeur de Mr Tual
56, Rue de la Victoire, 56</td><td>M. F. MARBOUTIN
EXPERT
2 — Rue de Marseille — 2</td></tr>
</table>

EXPOSITION PUBLIQUE

Le Mardi 16 Avril 1907, de 2 heures à 6 heures

CONDITIONS DE LA VENTE

Elle sera faite au comptant.

Les acquéreurs paieront *dix pour cent* en sus des enchères.

L'Exposition mettant le public à même de se rendre compte de l'état et de la nature des objets mis en vente, aucune réclamation ne sera admise une fois l'adjudication prononcée.

DÉSIGNATION

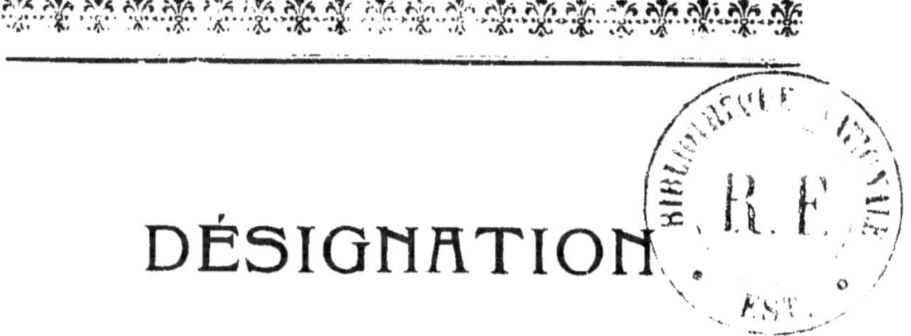

TABLEAUX MODERNES

ANASTASI (A.)

1 - Environs de Rotterdam.

2 — L'approche de l'orage.

ANGLADE (Gaston)

3 — Le soir sur la Creuse.

4 — Bords du Lot.

5 — Vallée de la Creuse.

BARTHALOT (M.)

6 — Le Cellier.

BERGERET (D.)

7 — Nature morte.

8 — Fleurs et fruits.

BOGGS

9 — Barque de pêche au large.

BONVIN (F.)

10 — La porte de Dinan.

11 — Le pot de grès et la pipe.

BOUTIGNY (P.-E.)

12 — La pêche.

13 — Sur la plage : La promenade à âne.

14 — La charge.

BRAQUAVAL (L.)

15 — Village au bord de la mer.

CARLOS-LEFEBVRE

16 — Paysage d'automne.

17 — Lever de lune : Environs d'Argenteuil.

18 — La prairie.

CARL-ROSA (M.)

19 — Coin à Portijoie.

CESBRON (A.)

20 — Glaïeuls.

CHALOU (L.)

21 — Salomé.

COUSIN (C.)

22 — Rêverie.

DAGNAN

23 — Bords d'un lac (Suisse).

DARUE (Louise)

24 — Lilas.

25 — Fleurs dans un vase.

DAVIL

26 — Bruyères en fleurs.

DELACHAUX (L.)

27 — Jeune femme.

DELPY (H.-C.)

28 — Coucher de soleil sur l'Oise.

DEMONT (A.)

29 — Ferme en Artois.

DIRANIAN

3o — Le récurage.

DULUARD (L.)

3 — Personnage Louis XIII.

FICHEL (E.)

32 — A l'auberge.

FORCADE

33 — Soleil couchant : Forêt de Sénart.

FROMENTIN (Eug.)

34 — Une rue à Venise.

GAGLIARDINI

35 — Rue de village.

36 — Le déchargement du poisson.

37 — Sur la plage : Environs de Nice.

38 — Entrée de village.

GUILMARD (H.)

39 — Marée basse : Environs de Dieppe.

HANRIOT (A.)

40 — Avant le bain.

HERVIER

41 — Le marché.

KÆMMERER

42 — Sur la cime.

LAGUÉPIE (V.)

43 — Lisière de forêt en automne.

44 — Baie de la Rochelle.

LAUGÉE (G.)

45 — Repos de moissonneurs.

46 — Pauvre Antoine !

LENFANT DE METZ

47 — Les enfants et les abeilles.

LEROLLE

48 — Nature morte.

LE ROY (J.)

49 — Un convive inattendu.

LOPIEGICH

50 — Fleurs dans un vase.

MADELINE (P.)

51 — Paysage dans la Creuse.

MARTIN-KAVEL

52 — Roses dans un vase.

MEIFREN (E.)

53 — Venise.

54 — La Roche-aux-Mouettes.

MONTICELLI

55 — Dans le parc.

MULLER

56 — Jeune femme.

OLIVE

57 — La Madraque.

PÉCRUS (C.)

58 — Dans le port (Trouville).

59 — L'arrivée des barques de pêche.

PELOUSE (G.-L.)

60 — Vignoble : Environs de Reims.

PILS (J.)

61 — L'Empereur Napoléon III et l'Impératrice recevant les chefs arabes.

Esquisse.

PILS (Attribué à J.)

62 — Après la chasse.

QUINTON (Cl.)

63 — Chevaux de halage près Ivry.

64 — Le retour du troupeau. (Auvergne).

RENOULT

65-66 — Deux paysages, études.

REYMOND (F.)

67 — Le passage du gué.

68 — La buanderie.

RICHET (Léon)

69 — Chemin en forêt.

ROUBY (A.)

70 — Giroflées.

71 — Fleurs dans un vase.

SAINTIN

72 — Les Landes de Pléhérel.

SEGÉ (A.)

73 — La barrière du château. (Clichy-sous-Bois).

STEVENS (A.)

74 — Marine.

TEN-CATE

75 — Delft. Effet de neige.

THOMAS (C.)

76 — Prunes dans un bocal et accessoires.

THOREN (O. de)

77 — Vaches sur la falaise.

TIMMERMANS

78 — En rade de Dieppe. Effet de brouillard.

TROUILLEBERT

79 — Eve.

TROYON (Genre de)

80 — Etude de vache.

81 — Vaches au paturage.

82 — Ferme en Normandie.

TRUCHET (Abel)

83 — Boulevard Clichy, étude.

84 — Fillette, étude.

SCHULTZ (Ad.)

85 — Au soleil couchant en Automne. Long-Rocher (Fontainebleau).

VALADON

86 — La cuisine. Nature morte.

VERNIER (Emile)

87 — Pêcheuses de crevettes.

VINCELET

88 — Vase de fleurs.

WILHEMS (J.)

89 — Le Campanile et le Palais Ducal (Venise).

90 — Environs de Constantinople.

91 — Le Grand Canal à Venise.

ECOLE MODERNE

92 — Portrait d'enfant.

AQUARELLES, DESSINS, PASTELS

BOUGUEREAU (W.)

93 — Jeune enfant.

Dessin mine de plomb.

94 — Etude de femme.

Dessin mine de plomb.

BUTIN (Ulysse)

95 — Marine.

Fusain.

CARDONA

96 — Espagnole.

Pastel.

CASCIANO

97 — Paysage.

Pastel.

CHALON (L.)

98 — Etude de nu.

Sanguine.

DEGAS (D'après)

99 — Danseuse.

Epreuve en couleurs.

DIAZ (N.)

100 — Couronne de fleurs.

Aquarelle.

DUPRAY (H.)

101 — Cuirassier.

Aquarelle.

FAUSTIN

102 — Le travail.

Aquarelle.

GAMBA

103 — Jeune fille blonde.

Aquarelle.

104 — Jeune fille brune.

Aquarelle.

GIDE

105 — Forêt de Fontainebleau.

    Aquarelle.

GUILLOUX (C.)

106 — Bords de la Seine.

    Aquarelle.

107 — Paysage.

    Aquarelle.

LÉANDRE

108 — Francisque Sarcey.

    Dessin rehaussé.

LACAULT (L.)

109 — Danseuses espagnoles.

    Aquarelle.

MADELEINE LEMAIRE

110 — Diane chasseresse.

    Sanguine.

MANUEL ROBBE

111 — Femmes sous bois.

    Aquarelle.

MARX (A.)

112 — Portrait de femme.

    Pastel.

MILLET (Jean-Baptiste)

113 — Paysage.

Aquarelle.

PILS (J.)

114 — La mise en batterie.

Aquarelle.

115 — Enfant de chœur.

Aquarelle.

RIBOT (Th.)

116 — Tête d'homme.

Dessin.

ROUSSEAU

117 — Paysage.

Dessin au crayon.

118 — Marine.

Dessin au crayon.

119 — Une ferme.

Dessin au crayon.

SIMONETTI

120 — Italienne à la fontaine.

SIMON (L.)

121 — Portraits.

Dessin mine de plomb.

THORNLEY (G.-W.)

122 — Marine.

    Aquarelle.

VOLLON (A.)

123 — Le soir.

    Aquarelle.

WILLETTE (A.)

124 — Page d'album.

TABLEAUX ANCIENS

ECOLE ESPAGNOLE

125 — Saint-François d'Assise.

ECOLE FRANÇAISE XVIIIᵉ SIÈCLE

126 — Panneau décoratif.

127 — Portrait d'homme.

128 — L'embarquement.

129 — Tête de jeune fille.

    Pastel.

130 — Jeune femme.

    Pastel.

VAN FALENS (K.)

131 — Halte de cavaliers.

ECOLE BOLONAISE

132 — Saint-Michel terrassant le démon.

ECOLE VENITIENNE

133 — Les disciples d'Emmaüs.

RAPHAEL (D'après)

134 — Deux gravures.

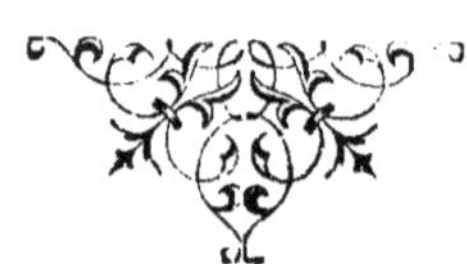